PAPEL ECOLÓGICO
TCF LIBRE DE CLORO

FOTOCOPIAR LIBROS
NO ES LEGAL

LIBRO AMIGO DE LOS BOSQUES
PAPEL PROCEDENTE DE FUENTES RESPONSABLES

Título original: *The Science of Poo and Farts*
© The Salariya Book Company Ltd, 2018
Publicado por acuerdo con IMC Agencia Literaria
Texto: Alex Woolf
Ilustraciones: Bryan Beach, David Pavon, Caroline Romanet, Andy Rowland,
Paco Sordo y Diego Vaisberg
Traducción: Algar Editorial
© Algar Editorial
    Apartado de correos 225 - 46600 Alzira
    www.algareditorial.com
Impresión: Anman

1ª edición: octubre, 2019
ISBN: 978-84-9142-361-4
DL: V-2042-2019

La ciencia de la caca y los pedos

La maloliente verdad sobre la digestión

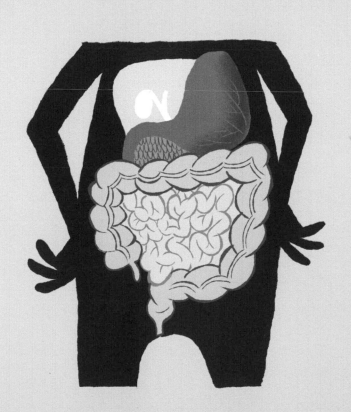

ALEX WOOLF

algar

Índice

Introducción

Todo el mundo lo hace. Los chicos y las chicas, los profesores y las bomberas, los doctores y las astronautas, los reyes y las reinas... Todo el mundo hace caca. Puede parecer asqueroso, pero es totalmente sano y natural. La caca (también conocida como heces o excrementos) es el residuo sólido que queda después de digerir el alimento. Es aquello que nuestro cuerpo no puede utilizar como energía, ni para crecer, y que expulsamos cuando vamos al retrete. Así que la caca es simplemente el producto final de nuestro sistema digestivo.

En este libro descubriremos cómo digerimos la comida y todos los efectos secundarios que tiene este complejo y fascinante proceso, incluyendo eructos y pedos. Averiguaremos qué ocurre cuando las cosas van mal, y cómo esto afecta al color, al olor y a la textura de nuestra caca. También sabremos por qué la caca no es simplemente un desecho apestoso, sino que en realidad nos puede ser muy útil.

A lo largo del camino, conocerás todo tipo de informaciones fascinantes y repulsivas, ¡incluyendo algunas de las cosas asquerosas que los animales hacen con su caca!

5

¿Cómo producimos la caca?

Boca y esófago

En la digestión, el proceso de descomposición de la comida empieza en la boca. Los dientes la rompen en pedazos pequeños y suaves, la saliva los vuelve húmedos y fáciles de tragar y bajan por un tubo llamado esófago directamente al estómago.

La historia de cómo producimos caca empieza con el alimento que comemos. Nuestros cuerpos descomponen la comida en sustancias útiles que nos permiten estar activos, crecer y mantenernos sanos. Este proceso de descomposición se llama digestión y tiene lugar en el sistema digestivo, un tubo largo, de casi nueve metros, que empieza en la boca y termina en el ano. Está compuesto por varios órganos, cada uno de los cuales ayuda en el proceso de transformar la comida en sustancias útiles. Al final, cuando ya no quedan sustancias provechosas, el resto abandona el cuerpo en forma de caca.

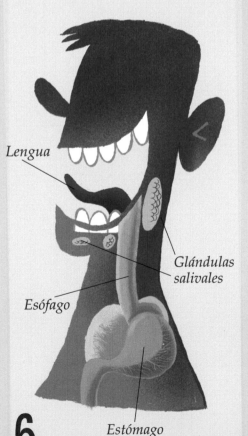

Lengua

Glándulas salivales

Esófago

Estómago

¡Buen viaje!

La caca está compuesta por un 75 % de agua y un 25 % de materia sólida hecha de fibra indigerible, bacterias vivas y muertas (gérmenes), células y mucosidad.

La comida no necesita gravedad: unos músculos del esófago la empujan hacia el estómago, de modo que podrías comer boca abajo.

Estómago

Cuando el alimento entra en el estómago, los músculos de sus paredes lo agitan de un lado al otro y lo mezclan con los jugos gástricos, que lo descomponen aún más y lo convierten en un líquido espeso llamado quimo.

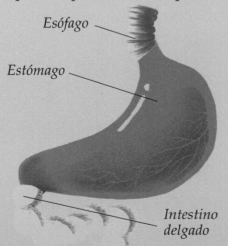

Esófago

Estómago

Intestino delgado

Intestinos

El quimo entra en el intestino delgado, donde los jugos digestivos lo descomponen en nutrientes que se transportan a otras partes del cuerpo. Los restos pasan al intestino grueso o colon, donde las paredes absorben el agua, dejándolo seco y sólido (caca). La caca se almacena en el recto hasta que vas al baño.

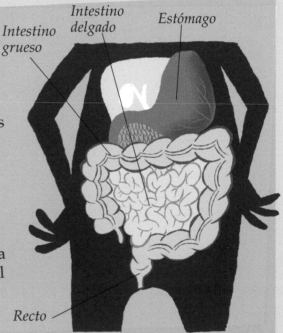

Intestino grueso

Intestino delgado

Estómago

Recto

La comida necesita entre 30 y 50 horas para viajar de la boca al ano.

¿Cómo funcionan los riñones?

Dentro de cada riñón hay millones de tubos pequeños llamados nefrones. A medida que la sangre viaja a través de los nefrones, estos filtran los desechos (agua, sales, minerales y otras sustancias químicas), que se almacenan en el centro de los riñones y donde se transforman en orina.

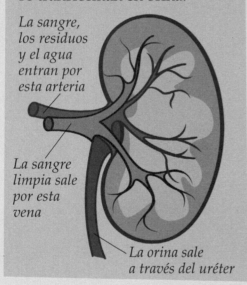

La sangre, los residuos y el agua entran por esta arteria

La sangre limpia sale por esta vena

La orina sale a través del uréter

Si los riñones no limpiaran la sangre, los residuos se acumularían en nuestro cuerpo y enfermaríamos.

¿Qué es el pipí?

El cuerpo produce pipí, u orina, como una forma más de deshacerse de los residuos. Estos desechos, que se originan al digerir alimentos y transformarlos en energía, pasan a la sangre. Unos órganos en forma de alubia los extraen de la sangre: son los riñones. Tienes dos, uno a cada lado de la columna vertebral. Los riñones filtran la sangre, extraen los desechos y vuelven a enviar la sangre limpia al cuerpo. También eliminan el exceso de agua que, unida a estos residuos, se convierte en orina. Esta orina pasa a la vejiga, donde se acumula hasta que sientes la necesidad de ir al baño.

En la antigua Roma se enjuagaban la boca con pipí para blanquearse los dientes. ¡Puaj!

El pipí es de color amarillo gracias a una sustancia química llamada urobilina. Los riñones la eliminan de la sangre, por eso acaba en la orina.

Diálisis

Puedes vivir con un solo riñón sin ningún problema, pero enfermarías si los dos dejaran de funcionar correctamente. Las personas con problemas en el funcionamiento de los riñones limpian su sangre gracias a una máquina de diálisis.

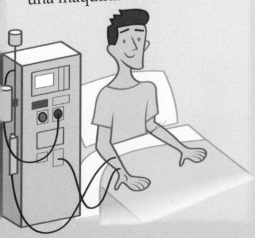

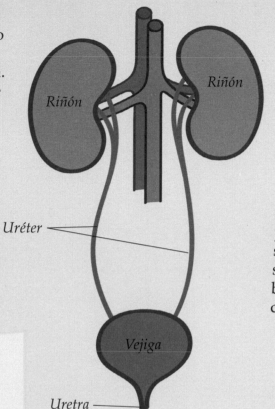

Riñón

Riñón

Uréter

Vejiga

Uretra

¿Cómo abandona el cuerpo la orina?

La orina abandona los riñones a través de un tubo llamado uréter que va a parar a la vejiga. La vejiga es una bolsa muy flexible que se llena poco a poco de pipí. Cuando está prácticamente llena, envía una señal al cerebro y entonces sabes que es hora de ir al baño. La orina se va a través de un tubo llamado uretra.

¿Te lo puedes creer?

Una persona adulta produce 1,5 litros de orina al día, mientras que un elefante ¡produce casi 50!

Inodoros vegetales

Una planta tropical llamada nepente tiene unas hojas en forma de tubo que la tupaya utiliza como inodoro. Cuando termina el trabajo, la caca proporciona numerosos nutrientes a la planta.

Los hipopótamos agitan la cola para esparcir su caca bajo el agua.

Caca animal

Al igual que los seres humanos, los animales también se deshacen de sus desechos en forma de caca. La caca animal también se llama estiércol o guano. Los animales utilizan su propia caca, y la de otros animales, de las formas más extrañas e imaginativas. Por ejemplo, los grandes felinos, los lobos, los monos y los uombats utilizan su caca y su pipí para marcar su territorio y mantener alejados a los otros animales. Los uombats incluso se las han ingeniado para producir cacas cuadradas; de ese modo, estas no ruedan y se mantienen en su sitio. La larva del escarabajo de la patata utiliza la caca como protección: se cubre con sus propios excrementos venenosos para defenderse de los depredadores.

¿Estás seguro de que quieres hacerlo?

¿Te lo puedes creer?

Las termitas plantan jardines de hongos dentro de sus nidos para alimentarse y los fertilizan con su propia caca.

Los escarabajos peloteros utilizan los excrementos de otros animales más grandes como una fuente de alimento y de refugio; además, las larvas de algunos escarabajos se construyen casas con sus propias deposiciones.

Un disfraz repelente

Para protegerse de los depredadores, la araña *Phrynarachne ceylonica* se disfraza de... ¡caca de pájaro! Cuando dobla las patas y se queda muy quieta se parece a los excrementos en el color, la forma, ¡e incluso el olor!

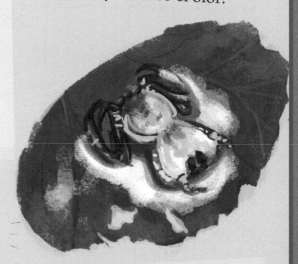

Información asquerosa

A veces, los conejos producen una caca blanda llamada cecotrofo, ¡y es tan nutritiva que se la comen!

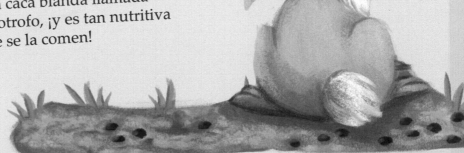

¿Qué son los pedos?

Una persona adulta se tira, de media, catorce pedos al día, y produce casi medio litro de gas.

Pueden ser muy ruidosos, ¡y también apestosos! Puede que te avergüences si se te escapa uno en público, pero, no te preocupes, todo el mundo se tira pedos. Son un producto natural de la digestión. Son gases que vienen de distintos sitios: una parte es aire que hemos tragado mientras comíamos, otra es gas que se filtra a los intestinos desde la sangre, y el resto se produce en el proceso digestivo y por las bacterias que viven en nuestra barriga. Estos gases no se pueden quedar en el cuerpo, ¡así que salen en forma de pedo!

¿Por qué apestan los pedos?

En general, un pedo normal contiene gases inodoros como el nitrógeno, el hidrógeno, el dióxido de carbono o el oxígeno. El mal olor lo producen los gases con azufre, como el ácido sulfhídrico, que constituye solo un 1 % de un pedo normal. Ahora bien, si comes muchos alimentos que contienen azufre (ver más abajo), será más probable que te tires pedos realmente malolientes.

Bebidas con gas

Repollo

Guisantes

Huevos

Queso

¿Por qué hacen ruido los pedos?

Todo el mundo conoce ese ruido. Los pedos suenan a causa de las vibraciones que se producen en el recto. El volumen del pedo varía según la presión a la que sale el gas y también según la estrechez de los músculos del ano.

¿Es un terremoto?

¡No, creo que son las judías!

Los pedos pueden viajar hasta a 3 m/s. La mayoría son más lentos y necesitan entre 10 y 15 segundos para llegar a la nariz de otra persona.

La larva del insecto *Lomamyia latipennis* vive en los nidos de las termitas y, cuando tiene hambre, aturde a las termitas con sus pedos y se las come. Un solo pedo es tan potente que puede paralizar a seis termitas a la vez.

Ten cuidado con sus pedos. ¡Son silenciosos, pero mortales!

¿Algunos alimentos te hacen tirarte más pedos?

Algunos alimentos, como las alubias, la cebolla o los fritos, liberan cantidades más grandes de gas cuando se descomponen en el cuerpo. Algunas personas tienen problemas a la hora de digerir alimentos que contienen lactosa, un azúcar que se encuentra en los lácteos, lo que produce más pedos de lo normal.

13

Bebidas con gas

Las bebidas con gas producen eructos enormes. ¿Por qué? Porque contienen burbujas de un gas llamado dióxido de carbono. Beber con una pajita o comer y beber demasiado rápido también producen eructos.

El sonido de un eructo se produce cuando el gas que sale agita el tejido que se encuentra en la parte superior del esófago y lo hace vibrar.

¿Qué son los eructos?

¿Alguna vez se te ha escapado un eructo durante una comida? Mientras te disculpas, probablemente te estés preguntando de dónde ha salido. Los eructos están hechos de gas. Cuando comes, no solo tragas alimentos y bebidas, también tragas aire. El aire contiene gases como el nitrógeno y el oxígeno, que terminan en el estómago. Cuando hay demasiado gas en el estómago, sube por el esófago y sale por la boca en forma de eructo. Sale muy rápido, por eso a veces no te da tiempo a poner la mano.

¿Demasiada comida?

No, demasiado aire.

Eructos de bebé

Cuando los bebés comen, acumulan grandes cantidades de gas en el estómago. Como tienen problemas para expulsarlos por ellos mismos, necesitan que les hagan eructar dándoles golpecitos en la espalda, para ayudar a que el gas salga.

¡Muy bien!

No te alegras tanto cuando eructo yo.

Eructos de vaca

¡Perdón!

Las vacas eructan un gas llamado metano, cuyo exceso es una de las causas del calentamiento global. Los eructos de diez vacas pueden producir suficiente gas como para mantener caliente una casa pequeña durante un año. De hecho, cada una produce entre 113 y 189 litros de metano al día en forma de eructo ¡y hay 1.500 millones de vacas en el mundo!

Los pájaros no eructan, pero los peces sí: a través de las branquias.

Dato fascinante

En algunas razas de perro, como el gran danés o el setter irlandés, un eructo que no sale puede ser fatal. Es una enfermedad llamada meteorización, en la que el gas se queda atrapado en el estómago. Para sacarlo, se introduce un tubo de goma flexible por la garganta del perro.

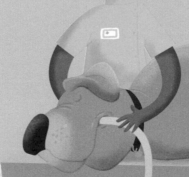

15

¿Qué es la saliva?

Además de ayudar a deshacer el alimento, las enzimas de la saliva también luchan contra las infecciones de la boca y los dientes.

Glándulas salivales

Las glándulas salivales producen la saliva y se encuentran dentro de las mejillas y en la parte de abajo de la boca.

No es muy agradable ver a alguien escupir en público, o ver cómo le cuelga un hilo de baba de la boca. Pero la baba o saliva (ese líquido espumoso que producimos en la boca) tiene un papel muy importante en nuestro cuerpo. Nos mantiene la boca húmeda, moja la comida y la hace resbaladiza para que sea más fácil de tragar, ayuda a la lengua a saborear las cosas e inicia el proceso de digestión. La saliva contiene químicos llamados enzimas que empiezan a descomponer el alimento antes incluso de que llegue al estómago. Algunos animales utilizan su saliva de modos muy interesantes. Las llamas, por ejemplo, escupen a otros animales si se sienten amenazadas. Pueden escupir hasta a tres metros de distancia.

¡Cómo te atreves a hacerme una foto!

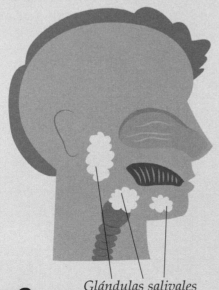

Glándulas salivales

Boca seca

Cuando sientes nervios o miedo, produces menos saliva y por eso sientes que tienes la boca seca. Otras causas para que se seque la boca son el calor, beber poca agua y el ejercicio físico intenso.

¿Te lo puedes creer?

La araña escupidora produce una sustancia venenosa y una especie de seda pegajosa que escupe a sus presas y las deja paralizadas. Después, las devora cuando le apetece.

De media, una persona produce casi un litro de saliva al día, ¡lo suficiente para llenar dos bañeras en un año!

Saliva de salangana

La salangana utiliza saliva para construir su nido porque se endurece como el pegamento y lo mantiene unido. Esta pegajosa saliva se utiliza para cocinar una sopa que en China es un auténtico manjar.

¿Qué son la diarrea y los vómitos?

¿Qué causa la diarrea?

La diarrea la causan los microbios como los virus y las bacterias que entran en el cuerpo a través de alimentos o bebidas contaminadas, o a través del contacto con personas o animales infectados.

Para evitar los microbios que causan la diarrea, lávate siempre las manos con jabón después de ir al baño y antes de cocinar o comer.

Seguro que alguna vez te ha dolido mucho el estómago y has notado una necesidad urgente de ir al baño. Cuando vas, haces caca acuosa o líquida: es la diarrea. Eso pasa porque tu cuerpo necesita deshacerse rápidamente de alguna cosa que has comido. Puede ser porque estaba en mal estado, porque contenía alguna cosa tóxica o porque te ha producido una reacción alérgica. Normalmente, el cuerpo necesita entre seis y quince horas para que el alimento pase a través de los intestinos. En este caso, el alimento pasa por los intestinos mucho más rápido de lo que es habitual y, por lo tanto, no hay tiempo suficiente para que se absorba el agua, por eso la caca, cuando sale, es muy blanda y acuosa.

¡Emergencia! ¡Quítate de en medio!

Lavabo

Vómitos

¡Uaaj! A veces el cuerpo necesita deshacerse de alimentos en mal estado o venenosos incluso antes de que lleguen a los intestinos, es decir, cuando todavía se encuentran en el estómago. Vomitar es una necesidad potente, violenta e incontrolable que a menudo acaba con un buen desastre en el suelo.

¿Qué ocurre cuando vomitas?

Cuando vomitas, un músculo en forma de anillo que se encuentra en la parte superior del estómago se relaja, los músculos fuerzan el alimento hacia el esófago y de ahí hacia arriba hasta que salen por la boca. El vómito tiene un sabor horrible porque la comida se ha mezclado con los jugos ácidos producidos por el estómago.

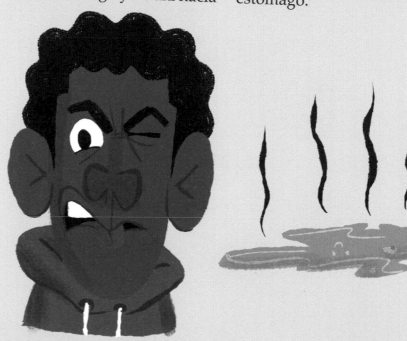

El fulmar es un ave marina. Cuando otra ave intenta comerse a su cría, el polluelo vomita una sustancia pegajosa que se engancha a las plumas de su depredador.

Consejos útiles

La diarrea hace que se pierdan líquidos y puede producir deshidratación. Si tienes diarrea, asegúrate de beber mucha agua. Las bebidas isotónicas y algunas bebidas especiales de rehidratación también ayudan.

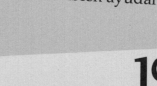

¿Qué es el estreñimiento?

El estreñimiento puede tener muchas causas diferentes, como la falta de fibra en la dieta, no hacer ejercicio físico o la ansiedad. Hasta un cambio de rutina, como ir de vacaciones, puede causar estreñimiento.

Lavabos terroríficos

Cuando las personas nos sentimos estresadas, antes de un examen, por ejemplo, podemos sufrir estreñimiento. El miedo a los lavabos públicos puede provocar que algunas personas contengan la necesidad de hacer caca.

Seguro que alguna vez has sentido que tenías ganas de ir al lavabo pero no podías. O te ha resultado muy difícil hacerlo y has necesitado hacer más fuerza de lo habitual. Y cuando ha salido, la caca estaba en porciones muy pequeñas, duras y con muchos bultos. También puedes haber sentido que no lo has expulsado todo. Todo eso son síntomas claros de estreñimiento. El estreñimiento es lo contrario de la diarrea: el alimento se queda en los intestinos durante más tiempo de lo normal, de modo que se absorbe más agua, lo que vuelve la caca más dura y seca.

Escala de caca

La escala de Bristol se creó para mostrar los distintos tipos de caca. La caca varía en la forma y en la textura según el tiempo que tarda en pasar a través de los intestinos. Esta escala puede servir para diagnosticar problemas digestivos.

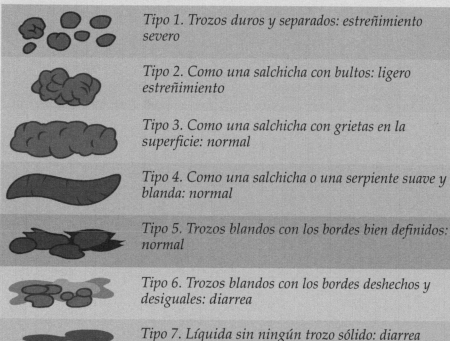

Tipo 1. *Trozos duros y separados: estreñimiento severo*

Tipo 2. *Como una salchicha con bultos: ligero estreñimiento*

Tipo 3. *Como una salchicha con grietas en la superficie: normal*

Tipo 4. *Como una salchicha o una serpiente suave y blanda: normal*

Tipo 5. *Trozos blandos con los bordes bien definidos: normal*

Tipo 6. *Trozos blandos con los bordes deshechos y desiguales: diarrea*

Tipo 7. *Líquida sin ningún trozo sólido: diarrea*

Fibra maravillosa

Una de las causas del estreñimiento es no consumir suficiente fibra. La fibra se encuentra en las frutas, las verduras y los cereales integrales. Es voluminosa y por eso ayuda a la comida a moverse fácilmente a través de los intestinos.

Ve al médico si ves sangre en tus deposiciones, si tienes mucho dolor cuando haces caca o si tu estreñimiento dura más de dos semanas.

Consejo útil

Si tienes estreñimiento:
- bebe mucha agua
- come más frutas y verduras
- come ciruelas y cereales integrales

Problemas digestivos

¿Qué es la pirosis?

La pirosis, o reflujo esofágico, ocurre cuando los ácidos del estómago se escapan al esófago. Como el esófago no está tan bien protegido como el estómago, esto produce una sensación de quemadura en el pecho y en la garganta.

¡Escupes fuego!

No, es el reflujo.

Pero, ¿por qué los ácidos no dañan el estómago? Porque las paredes están recubiertas con una mucosidad que las protege.

L a mayor parte del tiempo, si el sistema digestivo funciona bien, no deberías tener ninguna molestia después de comer. Sin embargo, a veces las cosas pueden ir mal. Es posible que notes la barriga muy llena o hinchada, o que tengas una sensación como de quemadura encima del estómago (pirosis). Puede que te sientas mal, que eructes mucho y hasta que vomites. Todo esto son síntomas claros de una indigestión que puede estar producida por consumir alimentos muy grasos o picantes, por comer en exceso o muy rápido, por hacer ejercicio demasiado pronto después de comer o por el estrés.

¿Has vuelto a comer demasiado?

¿Qué son las alergias alimentarias?

Hay veces que nuestro sistema inmunológico (el que nos protege de las infecciones) reacciona a determinados alimentos. Esto puede manifestarse en forma de picor o inflamación dentro de la boca y en la garganta, erupciones de la piel, inflamación de la cara o vómitos. Estos son algunos alimentos que suelen causar reacciones alérgicas:

Leche
Cacahuetes
Pescado
Huevos
Moluscos

Casi 1 de cada 12 niños y niñas tienen alergia a algún alimento, y, de ellos, el 40 % tiene una reacción grave. La buena noticia es que muchos la superan.

¿Qué es el hipo?

El hipo es una espiración de aire rápida e involuntaria que nos pasa cuando un músculo llamado diafragma se contrae rápidamente. Puede suceder cuando el estómago se irrita por comer demasiado. El sonido «¡hip!» que se produce lo causan las cuerdas vocales al cerrarse de golpe.

«Curas» para el hipo

Bebe a sorbitos agua muy fría

Aguanta la respiración

Muerde un limón

¿Te lo puedes creer?

El ataque de hipo más largo de la historia duró 68 años. Charles Orsborne (1894-1991) tuvo hipo desde 1922 hasta 1990.

¡Hip!

¡Hip!

El sobrepeso es fatal para la salud, de modo que cuídate y limita el consumo de alimentos con muchos azúcares y carbohidratos.

Una dieta saludable

La dieta es todo aquello que comes y bebes. Una dieta saludable (también llamada dieta equilibrada) te da todos los nutrientes que necesitas. Hay cuatro grupos principales de nutrientes: las proteínas (presentes en la carne, el pescado, los huevos y los frutos secos), las vitaminas y los minerales (fruta fresca y verduras), los carbohidratos (patatas, arroz, pan y dulces), y las grasas (alimentos fritos, productos lácteos y frutos secos). Mucha gente se siente atraída por los alimentos ricos en grasas y carbohidratos, como los fritos y los dulces, porque los encuentran deliciosos. Pero este tipo de alimentos tiene un valor energético muy elevado y, si comes demasiado, tu cuerpo almacenará el exceso de calorías en forma de grasa.

Proteínas

Las proteínas son los ladrillos del cuerpo. Nos ayudan a crecer fuertes y a curar las heridas, las quemaduras y los huesos rotos. Para la gente con dietas vegetarianas o veganas, los frutos secos, las lentejas y los garbanzos son una buena fuente de proteína.

¿El bistec me curará la pierna?

Es una comida equilibrada.

¡Pues necesita reequilibrarse con un buen trozo de tarta!

Los médicos y las médicas recomiendan comer al menos cinco porciones de fruta fresca y verdura al día.

Carbohidratos y grasas

Los carbohidratos son la fuente principal de energía de nuestro cuerpo. Hay dos grandes tipos: la fécula, que se encuentra en las patatas, el arroz y el pan; y el azúcar, que se encuentra en la fruta, en las verduras, en la leche y en los productos lácteos. Las grasas también nos proporcionan energía, así como otros químicos que son imprescindibles para nuestro cuerpo.

Los alimentos con fécula te dan energía de manera constante.

Los alimentos con azúcar te dan explosiones rápidas de energía.

Vitaminas y minerales

Tu cuerpo necesita pequeñas cantidades de vitaminas y minerales, pero son esenciales para mantenerte sano y fuerte.

Las naranjas contienen vitamina C que ayudará a mi cuerpo a luchar contra los resfriados.

Dato fascinante

En los alimentos, la energía se llama calorías. Cuando haces ejercicio, quemas estas calorías. Necesitarías andar durante más de una hora para quemar todas las que tiene una porción de tarta con glaseado.

25

¿La caca puede ser útil?

Tradicionalmente, los excrementos de los animales se han utilizado como material de construcción o para fabricar papel y pólvora. Los conservacionistas los examinan para controlar cómo están y dónde se encuentran los animales.

Excrementos fertilizantes

Los granjeros han utilizado la caca de los animales como fertilizante desde hace miles de años. Utilizan los excrementos de caballos, toros, ovejas, cerdos y gallinas, así como el guano de los murciélagos y las aves. Hasta la caca del panda es útil para fertilizar las plantas de té en China.

Mmm, detecto un ligero aroma a panda.

Normalmente pensamos en la caca como un desperdicio, como algo de lo que nos deshacemos en el retrete, pero en realidad es una sustancia sorprendentemente útil. Por ejemplo, los granjeros utilizan los excrementos de los animales, el abono, para fertilizar sus cultivos. El abono contiene muchos nutrientes que fertilizan la tierra. Además, la caca es una fuente de energía. Se puede transformar en biogás, que nos proporciona calefacción y electricidad. El biogás se puede convertir a su vez en bioetanol, un combustible para los automóviles. Y en arqueología estudian cacas antiguas para averiguar cosas sobre la dieta y el estilo de vida de nuestros antepasados.

Por suerte, ya no huele.

Muestras de caca antigua

El poder de la caca

El gas de los excrementos animales se calienta dentro de unos contenedores herméticos, y unas bacterias transforman la caca en un combustible llamado biogás que se puede quemar para generar calor y electricidad. La caca de 500 vacas puede generar energía suficiente para 100 casas.

Caca   Digestor anaeróbico   Biogás   Calor y electricidad

Papel de caca de elefante

Una empresa tailandesa fabrica productos de papel a partir de excrementos de elefante. Como en su mayoría son fibra, es un material excelente para la elaboración de papel. Un solo elefante produce alrededor de 50 kilos de excrementos al día, material suficiente para producir 115 hojas.

¡Come, que me he quedado sin papel!

En China preparan té con los excrementos de la ardilla voladora para curar el dolor de estómago.

Información asquerosa

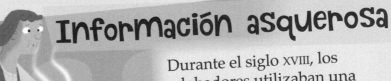

Durante el siglo XVIII, los adobadores utilizaban una mezcla de orina humana y caca de perro para hacer cuero. Untaban esta fétida mezcla en la piel de los animales hasta que se volvía suave y fácil de trabajar.

¿Qué le sucede a la caca?

Recuerda lavarte siempre las manos después de ir al lavabo.

Tratamiento de aguas residuales

Una vez que la caca se ha ido por el retrete, viaja a través de las tuberías hasta una depuradora donde filtran el agua, la tratan para eliminar las impurezas y, ya purificada, vuelve al sistema de tuberías. El residuo restante (fango) se tira o se seca y se vende como fertilizante.

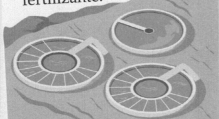

La caca tiene gérmenes, algunos de los cuales pueden afectar a nuestra salud. Por eso es muy importante deshacerse de ella de forma segura. En los países desarrollados, la mayoría de la gente tiene retretes que se llevan nuestros desechos sin peligro alguno. Pero este no es el caso de los países subdesarrollados. En algunos poblados aislados tienen que hacer sus necesidades al aire libre. Los gérmenes de las heces pueden contaminar las fuentes de agua, lo que supone un riesgo para la salud de los que utilicen esta agua, y también ser dañinos para la naturaleza.

¡Adiós!

¿Qué hace la naturaleza con la caca?

Es hora de empezar una nueva isla.

A menudo, la caca beneficia al medio ambiente. Por ejemplo, los pepinos de mar excretan un mineral indispensable para la construcción de los arrecifes de coral, la caca de las lombrices ayuda a fertilizar la tierra y el pez loro defeca arena, lo que, después de miles de años, ha formado las playas de arena blanca de las islas del Caribe.

Esparciendo semillas

La cachama, un pez del Amazonas, ayuda a los árboles a crecer por toda la selva. Se come las semillas que caen y después las defeca en otros sitios.

Los árboles me alimentan, ¡así que yo hago lo que puedo para ayudarles!

La caca de los animales también puede ser peligrosa. Los excrementos de los perros y los gatos pueden causar enfermedades en los seres humanos si no se tiran de manera segura, y los boñigos de las vacas contaminan la atmósfera y las fuentes de agua.

Dato fascinante

De media, una persona:
- excreta casi una tonelada de caca al año
- visita el váter 2.500 veces al año
- pasa 3 años de su vida en el lavabo

Glosario

Abono   Caca de animal utilizada como fertilizante.

Aguas residuales   Agua cargada de residuos sólidos y líquidos.

Ano   Abertura al final del tracto digestivo a través de la cual la caca abandona el cuerpo.

Arteria   Cualquiera de los tubos que transportan la sangre desde el corazón hasta otras partes del cuerpo.

Bacterias   Organismos microscópicos, algunos de los cuales pueden causar enfermedades.

Bioetanol   Forma purificada de biogás que se puede utilizar como gas natural.

Biogás   Combustible gaseoso, como el metano, que se produce al descomponer materia orgánica en ausencia de oxígeno.

Calentamiento global   Aumento gradual de la temperatura de la atmósfera de la Tierra causado por los elevados niveles de dióxido de carbono y otros contaminantes.

Carbohidrato   Sustancia que se encuentra en alimentos como la patata, la pasta o el azúcar, que da energía al cuerpo.

Conservacionista   Persona que ayuda a preservar la fauna y el medio ambiente.

Deposición   Otra palabra para la caca.

Deshidratación   Estado en el cual una persona ha perdido grandes cantidades de agua.

Digestor anaeróbico   Tanque al vacío en el cual las bacterias deshacen la materia orgánica.

Esófago   Tubo que conecta la garganta con el estómago.

Excretar   Expulsar residuos.

Fibra   Sustancia que se encuentra en alimentos como los cereales que resiste a la digestión y que ayuda a la comida digerida a moverse a través de los intestinos.

Glándulas salivales   Órganos que se encuentran dentro de las mejillas y bajo la lengua que secretan saliva en la boca.

Guano   Caca de pájaro y de murciélago.

Heces   Desechos expulsados por el intestino después del proceso de digestión. Otra palabra para la caca.

Intestino   La parte más baja del sistema digestivo, desde el final del estómago hasta el ano.

Jugos gástricos   Fluidos ácidos producidos por el estómago para digerir la comida.

Larva   Forma inmadura de un insecto.

Minerales   Sustancias como el hierro o el calcio que el cuerpo necesita para estar sano.

Mucosidad   Sustancia pegajosa producida por el cuerpo para protegerlo y lubricarlo.

Nutriente   Sustancia que proporciona el alimento necesario para crecer y tener buena salud.

Proteína   Tipo de sustancia química esencial para todos los seres vivos.

Reacción alérgica   Reacción nociva del cuerpo a una sustancia.

Recto   Sección final del intestino largo que acaba en el ano.

Vegano/a   Persona que no come ni utiliza ningún producto animal.

Vena   Cualquiera de los tubos del cuerpo que llevan la sangre al corazón.

Virus   Organismo pequeño que solo puede reproducirse y crecer dentro de células vivas. Los virus causan enfermedades como el resfriado común o la gastroenteritis.

Vitamina   Sustancia esencial para el crecimiento normal y la nutrición. Es necesario incluirlas en la dieta porque nuestro cuerpo no puede producirlas.

Índice analítico